"En fryd for øjet,
der vinder hjertet."

Johann Heinrich Voss

HISTORIEN BAG EUTIN SLOT

Eutin Slot ligger på landtangen i den Store Eutin Sø midt i slotshaven. En voldgrav og slotspladsen adskiller det fra den lille by. Ud fra en middelalderborg har der i tidens løb udviklet sig et barokt slotsanlæg med fire fløje, to hjørnetårne og et porttårn. Den røde **murstensfacade** giver sågar et borgagtigt indtryk. Men indvendigt er der overdådige slotsværelser med den oprindelige indretning. Inde i atriumgården, som er bygget i italiensk stil, risler der et springvand.

Slottets ottehundredeårige historie er tæt knyttet til den tumultagtige fortid for den lille stat **Lübeck fyrstebiskopper**. Der var ofte forviklinger med storpolitikken mellem de tyske fyrster, de skandinaviske kongeriger og Rusland. I 1156 skænkede den saksiske hertug Henrik Løve **300 bondegårde** i og omkring Eutin til biskoppen af Lübeck. Derfor byggede biskoppen her det første stenhus med lader for at kunne opbevare afgrøderne fra sine bønder.

I 1274 ophøjede kejseren biskopperne i Lübeck til **umiddelbare rigsfyrster**. Dermed blev deres land lagt direkte under kejseren, og de blev uafhængige af herrerne i det omkringliggende hertugdømme Holsten. Men ærkebispedømmets jordstykker dannede **ikke et sammenhængende landområde**. De lå spredt mellem holstenernes områder. Selve byen Lübeck hørte ikke ind under Lübeck bispesæde; den var ligeledes en fri rigsby. Biskop Burkhard af Serkem flyttede bispesædet til Eutin. I ca. år 1300 havde han en heftig strid med de selvbevidste købmænd i Lübeck og

Sydfacade på Eutin Slot set fra slotshaven

:unne derfor ikke længere leve i hansestaden. Stenhuset
)lev udvidet og forskønnet med alle mulige udsmykninger
)g ornamenter.

De efterfølgende biskopper opførte flere bygninger på
lotshalvøen. Lidt efter lidt opstod der et **middelalderligt**
)organlæg. Kort før 1350 blev hovedbygningen omgivet af
:n voldgrav, og man opførte det befæstede runde tårn. Af
orsvarshensyn forstærkedes portsiden med tykke mure.

Det første billede af borgen og byen Eutin ses i **kobber-**
tikket "Theatrum urbium". Der ses fire individuelle huse
)mkring en atriumgård. Det gamle porttårn med spids

Udsigt til borgen og byen Eutin med jagtindhegning omkring år 1586. Udsnit af totalbilledet „Eutin" fra kobberstikserien „Theatrum urbium" af Georg Braun og Franz Hogenberg

kuppel blev senere ombygget. Det runde tårn stod alene tilbage og uden sin karakteristiske "løgformede kuppel". Borgen var omgivet af et hegn. Foran porttårnet stod den store lade og ved hegnet de mindre vaske-, bryg- og gartnerhuse.

Under **reformationen** overgik også fyrstebiskopperne til den evangeliske tro. Fyrstetitlen var dog endnu ikke arvelig, herskerne blev stadig valgt af de gejstlige kanoner. I 1586 udnævntes for første gang en søn fra **fyrstehuset Slesvig-Holsten-Gottorf** til fyrstebiskop. Præsteskabet håbede på politisk bistand gennem den mægtige slesvig-holstenske adelsslægt, som dog ikke var entydigt indstillet på dette: Eutin Slot og by oplevede mange ødelæggelser under **trediveårskrigens** forvirring. Dette påvirkede imidlertid ikke fyrstebiskop Hans, som i denne periode fortsatte med at udvide slottet. I 1616 lod han indbygge en trappeopgang med repræsentativ sandstensportal som adgang til den store festsal. Desuden blev slotskirken ombygget til to etager. Det kvadratiske nordtårn kom til, portindkørslen blev gjort større, og samtidigt blev porttårnet gjort højere. Rummene blev malet og forsynet med delvist forgyldt stuk, dyrt lædertapet og andet kostbart vægbetræk.

I slutningen af trediveårskrigen i 1648 bevarede **ærkebispedømmet Lübeck** sin status som det eneste

Adgang til
hertugelige
lejlighed

protestantiske gejstlige territorium i riget. På dette tidspunkt blev det mellem Lübecks præsteskab og huset Slesvig-Holsten-Gottorf aftalt, at de næste seks fyrstebiskopper skulle vælges fra denne fyrsteslægt. Gottorf-hertugerne kunne således altid standsmæssigt indsætte en af deres posthume sønner i Lübecks bispestol og dermed sørge godt for ham med dens indtægter. Som modydelse accepterede hertugen, at ærkebispedømmet Lübeck forblev selvstændigt.

Den 27. oktober 1689 ødelagde en katastrofal **brand** store dele af slottet og den værdifulde indretning. Udseendet af det genopbyggede slot ses på tegningen af hofbygmester Rudolph Matthias Dallin fra 1717.

Fra 1717 til 1727 ombyggede fyrstebiskop Christian August slottet. Hertugparrets opholdsrum blev flyttet til den lysere og varmere sydside med udsigt til haven. Tjenestefolkenes værelser, som lå her før, blev indrettet på den nye anden etage. De i dag eksisterende **vægudsmykninger**, **stuklofter** og **trægulve** er konstrueret i denne periode. Desuden blev der bygget kakkelovne, da opvarmning med åbne pejse blev fundet for ukomfortabelt. Som afslutning på byggeriet blev hele den udvendige facade beklædt med røde **mursten**.

Størstedelen af det 18. århundrede var en rolig periode for Eutin. Livet ved hoffet blev beskrevet som "strengt protestantisk og antikatolsk samt friederiziansk og anti-habsburgsk, og frem for alt en smule ensformigt". Men i denne periode etableredes de vigtige **forbindelser til Rusland**. Zarina Elisabeth udnævnte sin søster Anna Petrovnas og

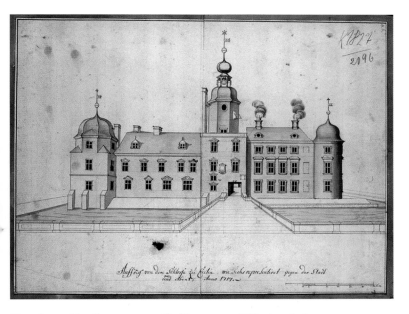

Tegning af hofbygmester Dallin, 1717. Billede af slottets
vestfacade

Gottorf-hertugens forældreløse søn til russisk tronfølger.
Denne giftede sig i 1745 med prinsesse Sophie Friederike
af Anhalt-Zerbst-Dornburg. Hun var barnebarn af Eutins
fyrstebiskop og havde som barn derfor besøgt Eutin Slot
et par gange. Med overgangen til den russisk-ortodokse
tro umiddelbart inden brylluppet fik prinsessen sit nye
navn Katharina. Hun blev senere zarina og fik som eneste
kvinde i historien tilnavnet "den Store" (se fig. på bageste
omslag).

For at løse stridighederne om hertugdømmerne Slesvig
og Holsten forhandlede zarinde Katharina i 1767 og 1773

Flygtninge i riddersalen 1948

komplicerede **aftaler om frasigelse af arveret og udveks-ling af landområder** med Damark. Den danske konge gav afkald på begge hertugdømmer. Fyrstebiskopperne af Lübeck fik til gengæld overdraget **hertugdømmet Oldenburg**. De var således nu også hertuger og senere endda **storher-tuger af Oldenburg**. Samtidigt forblev de fyrstebiskopper af Lübeck og regerede begge styrer som personalunion. Da regeringsanliggenderne i Oldenburg (i Niedersachsen) var mere omfattende, blev regeringssædet og dermed hoved-residensen flyttet dertil i 1803. I de følgende årtier foretog hertugfamilien dog ofte rekreative ophold i Eutin. Jagt, karetudflugter og underholdning i slotshaven var populære tidsfordriv.

Fra 1871 var storhertugdømmet Oldenburg en af de 25 delstater i det tyske kejserrige. I den revolutionære forvirring efter den første verdenskrig takkede storhertug Friedrich af i august 1918. Han frasagde både for sig selv og sine efterkommere tronfølgen for at forhindre en borgerkrig. Storhertugdømmet Oldenburg og dets landsdel Lübeck i Eutin blev som Fristat Oldenburg en del af det tyske rige i Weimar-republikken. Fra 1937 hørte landsdelen Lübeck til Prøjsen og siden grundlæggelsen af Forbundsrepublikken Tyskland til Slesvig-Holsten.

Under anden verdenskrig lagde værnematen beslag på slottets værelser. I august 1943 flyttede 160 udbombede beboere fra et alderdomshjem i Hamborg ind. Med kun fire toiletter, ingen badeværelser og elektricitet, var levevilkårene ganske barske for seniorerne. Da de store flygtningestrømme fra øst dukkede op i årene 1944/45, blev samtlige øvrige værelser udnyttet til indkvartering af yderligere 240 flygtninge.

Da alle flygtningene var flyttet igen i midten af 1950'erne, besluttede hertugfamilien sig for at foretage omfattende saneringsarbejder. I 1957 var de første seksten værelser på slottet restaureret, og der kunne åbnes et museum. Siden 1967 har slottet været fredet. Det nuværende fond Schloss Eutin blev grundlagt i 1992: Dengang besluttede huset Oldenburg at lægge slottet og slotshaven ind under et fond, da man ikke længere kunne betale for privat vedligeholdelse. Delstaten Slesvig-Holsten forpligtede sig til at afholde udgifterne til den nødvendige hovedrenovering, som var færdig i 2006. Men forandringerne stopper ikke

9

her: Siden 2014 er der blevet arbejdet på en nyindretning af museet, så det også kan være attraktivt for besøgende i fremtiden.

EN HOFBYGMESTERS PROBLEMER

Hofbygmester Dallin havde i den ti år lange ombygningsperiode mange praktiske problemer at slås med. En sommer var der mangel på mursten, fordi frosten havde gjort dem ubrugelige; en anden gang mente hofbygmesteren, at Segeberger-kalk til stukarbejdet i riddersalen „var alt for gråt til hvidtning af dansesalen". Han bestilte gotlandsk kalk, men transporten af denne varede meget længere.

Og endelig skulle det utætte kobbertag på hjørnetårnet udskiftes. Det underliggende bibliotek var blevet kraftigt beskadiget pga. indtrængende vand. Reparationerne kunne dog først påbegyndes efter lange forsinkelser, fordi der ikke kunne skaffes egnede håndværkere til det komplicerede tagdækningsarbejde på den buede konstruktion.

INDGANG OG ATRIUMGÅRD

"Eutins slotsaber"

To dyrefigurer i sten bevogter broerne over slotsgraven (se forreste, indvendige omslagsflap). Der er tale om ægyptiske **fabeldyr**, der angiveligt har et hundehoved, men som snarere ligner aber, og som inkarnerer en gud. De 2000 år gamle forbilleder blev fundet i 1883 under udgravninger af det antikke Isis-tempel i Rom. Den oldenburgske hofbilledhugger så skulpturerne i Rom og blev så begejstret, at han efterlignede dem til storhertugen.

Slottets byside med de to hjørnetårne og porttårnet,
nr. 1 = slotsaber, nr. 2 = Roland

 Ved hjælp af tallene i parenteser kan de forskellige rums positioner på grundplanen vises på den forreste omslagflap.

Rolandsfiguren 2

Figuren med fuldskæg fra 1583 til venstre for portpassagen er sandsynligvis **Eutin-Roland**. Han er symbolet på de markedsrelaterede og juridiske rettigheder i de middelalderlige byer og stod derfor på markedspladserne foran rådhusene. Dette symbol på borgerrettigheder er således malplaceret på en slotsfacade. Hvornår og hvorfor figuren er anbragt her, vides ikke. Mht. figuren på ydermuren er der tale om en kopi. Den stærkt forvitrede original hænger beskyttet i slotskorridoren.

Atriumgården 3

Atriumgårdens facader er malet i den originale rødgule **nuance**. Dette skal give et italiensk præg.

De forskellige udsmykninger af de fire store **indgangsdøre** afspejler slottets forskellige udvidelsesperioder. Portalen med soluret overfor 4 opstod i 1616, da der blev konstrueret en trappe op til riddersalen Over døren danner et mandehoved med den dengang almindelige hår- og skægpragt afslutningen af den barokke udsmykning Døren overfor 5 var indgangen til opholdsværelserne. To løver holder derfor det hertugelige våbenskjold. Portalen med det græske præg 6 danner den direkte adgang til slotskirken. Rundbueportalen 7 over døren rummer frimurersymbolerne murske, vinkel, lod og passer.

Atriumgård med adgang til slotskirken (bagest til højre) og til beboelsesværelserne (forrest til højre)

De trekantede gavle over vinduerne omslutter **maskerne** af gips. Motiverne går igen: Der findes løvehoveder med bølgende manker, grimasser, som skælmsk rækker tunge, buttede kvindekroppe med hovedtørklæder eller med lille krone og mandekroppe med skæg og biskophue.

Maske – grimasse rækker tunge

Springvandet efter italiensk forbillede blev i det 15. århundrede beundret som et mirakel. De enfoldige mennesker troede, at vand kunne springe op imod tyngdekraften. De forklarede det med, at husherren var biskop og sandsynligvis kunne gøre underværker.

Allerede i 1293 befandt slotskirken sig på det nuværende sted. Den var indviet til Jomfru Maria og apostelen Bartholomæus, for biskop Burckhard havde bragt tilsvarende relikvier med hjem fra en rejse til Rom. Efter branden i 1689 blev kirken genopbygget som det første og allerede genindviet i 1694. Den to-etagers **emporekirke** er dermed det ældste bevarede slotsrum. De slanke søjler og empore-panelerne ligner ganske vist marmor, men de er fremstillet af malet træ. Søjlerne bør ikke "fremtone så bondske", som hofbygmester Dallin bemærkede.

Hofselskabet måtte deltage i de lange gudstjenester stående i det kolde kirkerum. Den gang var der ikke mulighed for at sidde ned. Ældre, adelige damer og højtstående gæster sad oppe på emporen, den såkaldte **damekirkestol**. Hertugen tog plads over alteret i **fyrstestolen**, som kunne opvarmes. Kirkens vinduer kun trækkes op og ned ved hjælp af læderremme. Over fyrstestolen står de **tolv apostle**. Små engle, kaldet "putter", bærer det statelige våbenskjold.

Altermaleriet er en kopi af raderingen "Korsnedtagelse" af Rembrandt. **Rammen**, som er snittet af Theodor Allers, består af forgyldt lindetræ. Kristi lidelsesrelikvier, såsom kors, lanse, nagler og tornekrone, er afbildet på den glatte

Slotskirken med alter, fyrstestol og udskårne apostelfigurer

Orgel og prædikestol med timeglas

indvendige rammedel. På den øverste tværbjælke holder to putter kronen og biskophuen som symboler på den fyrstelige og biskoppelige magt i ærkebispedømmet.

Orgel-huset stammer helt tilbage fra årene 1693/94. Det blev bygget af den store orgelbygger **Arp Schnitger**. Klangværket blev dog renoveret i 1862. På dette instrument har også hofkapelmester Franz Anton von Weber spillet. Hans søn blev den senere verdensberømte komponist **Carl Maria von Weber**. Han blev født i 1786 i Eutin og døbt i slotskirken.

HERDER OG TIMEGLASSET PÅ PRÆDIKESTOLEN

På prædikestolen står der et gammelt timeglas. I starten af en prædiken skulle præsten vende uret på hovedet og skulle da være færdig, når sandet var løbet igennem. På denne måde ville man forhindre, at prædiken varede alt for længe.

Fra prædikestolen har også digteren og filosoffen **Johann Gottfried Herder** prædiket nogle gange. Han blev udnævnt som opdrager for hertug Peter Friedrich Wilhelm ved Eutin hof. Herder ledsagede kronprinsen som rejseprædikant og lærer på en dannelsesrejse gennem Europa. Den unge Hertug måtte dog afbryde turen før tid på grund af en psykisk sygdom. Herder sagde derefter sin stilling op ved Eutin hof.

DE OVERDÅDIGE VÆRELSER PÅ FØRSTE SAL

Tischbein-korridoren

I korridoren på første sal hænger fem store malerier af den berømte maler **Johann Heinrich Wilhelm Tischbein**. De viser scener fra den græske digter Homers fortællinger. Tischbein var hofmaler i Eutin fra 1809 til 1829. Pga. hans kendte portræt af Goethe i Italien bliver han også kaldt "Goethe-Tischbein".

På maleriet "Helena og Menelaos" fra år 1816 er øjeblikket efter erobringen af Troja indfanget. Menelaos møder igen sin utro hustru Helena. Han havde egentligt tænkt sig at dræbe hende, men bedåret af hendes skønhed lader han sværdet falde og tager hende atter til hustru. Af frygt for de fremstormende krigere kryber Helenas tjenestepige i ly ved en gudindes alter. Legenden fortæller, at Lady Hamilton, den engelske søhelt Lord Nelsons berømte elskerinde, er foreviget i ansigterne på de to kvinder på maleriet. Efter sigende skulle Tischbein, lige som admiral Nelson og Goethe, have tilbedt Lady'en.

Tischbein-maleri „Helena og Menelaos i Troja"

Strack-værelset ⑩

Hertugens opholds- og soveværelser har siden ombyg-
ningstiden i starten af det 18. århundrede ligget på den
foretrukne 1. sal. Det første værelse imponerer i form af
malerier, et rigt stukloft, lækre møbler og en russisk lyse-
stage Lysekroner. Dette er **audiensværelset**, det såkaldte
"Strack-værelse". Opkaldt efter **Ludwig Phillip Strack**. Han
var fætter til Johann Heinrich Wilhelm Tischbein og siden
1798 hofmaler og chef for malerisamlingen i Eutin.

Det store maleri er et **stilleben**, der formentligt blev ma-
let af zarina Katharina den Store. Zarinaen malede for at
slappe af og havde indrettet atelierer på sine slotte.

AUDIENS PÅ GULVET

Nye medarbejdere eller forpag-
tere skulle, inden de kunne til-
træde ansættelsen, i foretræde
for storhertugen på slottet i
den foreskrevne hofsuniform.
En dag dukkede en ny forpag-
ter op til audiens hos hertug
Nikolaus Friedrich Peter. Men
han gled på det blankpolerede
parketgulv og landede på gul-
vet. Storhertugen ville hjælp
ham op og gled derved sel
Begge mænd sad da grinen
på gulvet. Om audiensen og
blev afholdt siddende på gulv
melder historien dog ikke n
get om.

Zarina Katharina den Stores stilleben

Den røde salon

Den røde salon

Den røde salon har sit navn efter det værdifulde **vægbe**
træk af silke, som er vævet med guldtråd. Det var hertugens
opholdsstue.

Her hænger fire familieportrætter. På det højre maleri
på væggen til højre er hertug Adolf Friedrich portrætteret.
Han blev udvalgt til svensk tronfølger i 1750 og måtte der
for overlade sit embede som fyrstebiskop af Lübeck til sin
yngre bror. Hans hustru, prinsesse Luise Ulrike af Prøjsen,
peger på **pendantmaleriet** ved siden af med sin ene hånd
på sin krone for at gøre opmærksom på sin ædle herkomst.
Hun var søster til Friedrich II. af Prøjsen, den "Gamle Fritz".
Kronerne på maleriets guldramme antyder den kongelige
værdighed for dem begge.

...dolf Friedrich og Luise Ulrike af Slesvig-Holsten-Gottorf

Christian August og Johanna Elisabeth af Anhalt-Zerbst,
forældrene til zarina Katharina den Store

På væggen til venstre findes portrættet af forældrene til zarina Katharina den Store. Det er hertug Christian August af Anhalt–Zerbst og dennes hustru Johanna Elisabeth. Hun var datter af Eutins fyrstebiskop Christian August og voksede op på Eutin Slot.

Hendes tre brødre var fyrstebiskopper i Eutin. I alt havde fyrstinden 10 søskende. Johanna Elisabeth havde ledsaget sin datter til Rusland og også boet der i flere år. Kroningen af datteren til zarina oplevede hun dog ikke personligt. På grund af intriger havde fyrstinden gjort sig så upopulær ved det russiske hof, at hun var blevet mere eller mindre forvist og ikke kunne komme tilbage.

STATSROBER MED HERMELINPELS

De malerier, der stammer fra et 18. århundrede, viser reentparret i prægtigt statstøj. Kapperne var foret med ærdifuld hvid vinterpels fra a. 800 **hermeliner**. Som særgt ornament blev de sorte halespidser syet på. Kun adelige familier måtte bære hermelinpels og skulle derfor betale en særlig skat. Den hvide pels regnedes som symbol på renhed og fejlfrihed og dermed som symbol på fyrstelig magt.

Europaværelset 12

Europaværelset var hertugindens soveværelse og er et af de skønneste værelser på slottet. To franske **Empire-lamper** danner ramme om det værdifulde **Boulle-ur** på kommoden og portrættet af den yngre zarina Katharina II. og hendes ægtemand zar Peter III. Maleriet viser de to i en alder af 14 og 15 år, da de blev gift.

Portræt af zarina Katharina II. og af zar Peter III. med Boulle-ur og Empire-lamper

BORTFØRELSE AF EUROPA

Den højeste græske gud Zeus avde forelsket sig i prinsesse uropa. Hun boede på den asi- tiske kyst. Af angst for hævn a sin kone forvandlede Zeus g til en hvid tyr og bortførte uropa over Middelhavet til en Kreta. Gudernes fader an- og på Kreta igen menneske- kikkelse og fik tre sønner ned Europa, som dermed var

halvguder. Grundet et løfte fra gudinden Afrodite blev dette kontinent derfor opkaldt efter prinsessen. Loftsmaleriet viser den blomsterbekransede hvide tyr, som ser op mod Europa. Europa er i færd med at sætte sig på ryggen af tyren. To tje- nerinder iler til for at hjælpe hende.

Personificering af Asien

Attribut Europa

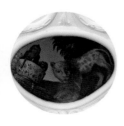

Attribut Asien

Europaværelset har ikke sit navn efter kontinentet, men derimod efter loftsmaleriets motiv, som viser **"Bortførelse af Europa"**.

Det barokke **stukloft** blev skabt i 1721 af italienske håndværkere. De kvinder, der sidder i underkanten af loftet, skildrer de fire kontinenter, man kendte på den tid. På vinduessiden viser **Europa** sig med kejserkrone og tårn, hest og våbenskjold som symbol på det "gamle kontinents" magt og vælde. Med til Europa hører det venstre, ovale hjørnemaleri, på hvilket der ses en globus, en passer og bøger. Disse symboler blev tilkendt Europa som kontinentet med videnskab og visdom.

Over pejsen ridder **Asien** på en kamel, med et bundt planter i hånden og et

Personificering af Europa

røgelseskar ved sin side. Tigre og porcelæn på hjørnemaleriet er de asiatiske kendetegn. **Amerika** symboliseres af en nøgen figur med bue og pil, ved hvis side en Kaiman sider på hug. Overfor sidder ligeledes nøgne "indfødte" ved siden af en løve. De symboliserer **Afrika**. Denne kvinde bærer som hue et elefanthoved med snabel og stødtænder. Hun holder en skorpion i sin løftede hånd.

Personificering af Amerika

Fire ovale **stukmedallioner** til venstre og højre for "Europa" og "Asien" viser de fire tidspunkter på dagen og de tilhørende aktiviteter. Til venstre for Asien finder vi eksempelvis en putte med Aftenstjernen på hovedet. Solen går ned i venstre hjørne af billedet, altså i vest. På denne måde illustreres **aftenen**. Til højre for Europa sover en lille engel i måneskinnet. Det er **nat**.

Personificering af Afrika

29

I et hjørne af værelset er der en **dør skjult med vægbe-træk**, der fører til en vindeltrappe. Således kan man ube-mærket komme ned på terrassen og op til anden sal. Trap-pen forbandt dermed direkte hertugens og hertugindens soveværelser.

I det tilstødende runde tårn ligger hertugindens tidligere **skrive- og tesalon**. Den bruges i dag som bryllupsværelse **13**.

FORMÅLET MED PORTRÆTMALERIER

Om formålet med et portræt skriver zarina Katarina den Store i sine erindringer: "Min bedstemor lod mig male af den berømte Denner. General Korff fik lavet en kopi af billedet, og tog den med til Rusland. (...) Det blev hvisket om, at det skete på kejserindens befaling." Ba-ron Korff var i russisk tjeneste og medbragte maleriet til zarin Elizabeth, der planlagde ægte-skab mellem fyrstedatteren o den russiske tronfølger, og som på denne måde kunne danne si et indtryk af Sophie Friederike Der var vel et lignende portræ som dette her i Europaværelse

Hemmelig dør

Silhouet-værelset

Ved hertugindens soveværelse var der selvfølgelig et tilstø-
dende **påklædningsværelse**. De fire **bagglasmalerier**, som
gav navn til dette værelse, ligner papirudklip. Men de blev
malet i ensfarvet sort direkte på glasset. De viser scener af
livet for adelsdamer ved hoffet. En kostbart klædt dame
sidder ved læsepulten og læser med store bevægelser op

Bagglasmaleri

fra en bog for sin skødehund eller en marekat (= en abeart). Disse dyr samt den afbildede papegøje var populære kæledyr hos damer med høj rang og blev anset for statussymboler. Et andet bagglasmaleri viser hertuginde Ulrike Friederike Wilhelmine. Hun kaster et blik på to silhuetportrætter af sin ægtemand fyrstebiskop Friedrich August, som viser hende dette.

Bagglas-
maleri
„Silhuetter"

Glasinformationsvæggen

ET MUSEUM GENOPFINDER SIG SELV

Alle museets lokaler vil blive lavet om i løbet af de kommende år. En medie-understøttet præsentation skal formidle slottets historie på tidssvarende vis og gøre det muligt at op-

leve supplerende oplysninger Men samtidig vil der blive lag vægt på, at slottets og dets væ relsers særprægede, histori ske fremtoning bevares. Denne omdannelse begyndte med de

såkaldte **hængselsværelse** med en glasvæg, der minder og en skærm ⑮, og det tilstødende Gottorf-værelse.

„Glasvæggen" informerer om oplysningstiden og den enevældige regering i ærke-

bispedømmet Eutin. Oplysningerne bliver forklaret og fordybet i en udstillet brochure.

Bag den „sorte væg" gemmer der sig store indbygningsskabe. Her opbevares sengetøj, bordduge og service.

Kakkelkøkken

Delft-kakler

Kakkelkøkkenet

Værelset med kobolt-blå og brune **Delft-kakler** blev brugt som privat køkken. Her blev der brygget te, kakao eller mindre madretter, ligesom måltider blev holdt varme eller blev varmet op. Som vægbeklædning var kakler fra Delft en del af boligkulturen på et slot. De var yderst eftertragtede. Der findes forskellige, mest hollandske motiver. Et af disse viser eksempelvis flere personer, der løber på skøjter med de gamle hollandske schöfels (= træskøjter), et andet viser et fyrtårn med brændende, åben signalild i kurven, som hænger på spidsen. Da de blev malet enkeltvist i hånden, var de meget dyre. På det kraftige komfur står der originalt tintøj fra ca. 1750.

PRINSESSE SOPHIE FRIEDERIKE
OG MÆLKESUPPEN

Som barnebarn af fyrstebikop Christian August var den lle prinsesse Sophie Friederike, den senere zarina Kathaina den Store, flere gange på besøg i Eutin. Her traf hun også for første gang sin senere ægtemand Karl Peter Ulrich. Som zarina beskrev hun senere dette således:

„Efter et kort ophold i Hamborg, hvor der var nye fornøjeler hver dag, rejste vi til Eutin. Fyrsten havde taget sin myndng med fra Kiel, den dengang lleveårige hertug Karl Peter Ulrich. Her så jeg altså herugen, som senere blev min ægtemand, for første gang! Dengang gjorde han et velopdragent og opvakt indtryk; dog bemærkede man allerede hans forkærlighed for vin og aversion mod alt, hvad han fandt ubehageligt. (...), men mig brød han sig ikke om, men; (...) Jeg bekymrede mig også kun lidt om ham, fordi jeg var meget optaget: To gange om dagen mellem måltiderne lavede jeg sammen med min bedstemors damer, mælkesuppe, som jeg derefter spiste. Ved bordet var jeg meget beskeden lige indtil desserten: Marmelade og frugt fuldendte da mit måltid. Fordi jeg opførte mig pænt, bemærkede man slet ikke min livsstil, og jeg var meget omhyggelig med ikke at tale om den".

Gottorf-værelset 18

Også Gottorf-værelset findes allerede i nyt design: Gennem lys, musik og interaktive stationer skal det blive muligt at opleve atmosfæren, som den var på hertugernes tid. Værelset blev benyttet til aftenselskaber. Her traf den

hertugelige familie sine gæster. Der blev lavet musik, spillet og forelæst. Portrætterne viser Eutins fyrster og deres pårørende samt forfædrene til nutidens hertuger af Oldenburg. Dengang var det normalt at hænge så mange malerier op, så de sad så tæt både over hinanden og ved siden af hinanden.

Forfædregalleri i Gottorf-værelset

Rækken af forfædre begynder med hertugparret Christian August (nr. A på fotoet af forfædregalleriet) og hans hustru Albertine Friederike, født prinsesse af Baden-Durlach (nr. B). De havde elleve børn og var bedsteforældre til den senere zarina Katharina den Store (nr. C). En af deres sønner var hertug Friedrich August (nr. D). I hans regeringstid faldt udvekslingsaftalen af 1773, således at han blev den første hertug af Oldenburg. Hertug Peter Friedrich Ludwig, som er meget populær i Eutin, er tilsvarende repræsenteret to gange (nr. E og F).

HERTUG PETER FRIEDRICH LUDWIG OG „NORDENS WEIMAR"

Hertugen omtales kærligt med forkortelsen PFL. Han regerede i 44 år og blev hyldet som omsorgsfuld landsfader af sine undersåtter og derfor også som „Eutins Fader". „Blandt hundrede fyrster finder man ikke én, der er som ham", skrev en kronikør.

PFL var ikke bestemt til at blive regent fra fødslen. Da sønnen (nr. G) af onklen, hertug Friedrich August (nr. D), blev psykisk syg og blev erklæret uegnet til at regere, overtog PFL regentskabet. I 1781 giftede han sig med prinsesse Friederike af Württemberg-Mömpelgard (nr. H). Parrets første søn er Paul Friedrich August (nr. I). Den anden søn Peter Friedrich Georg (K) døde af tyfus. Efter at hertuginden fødte et dødfødt tredje barn, døde hun i 1785 i en alder af tyve år. „Lykke kender

jeg ikke til!", skrev PFL derfo[r] selv en gang.

Peter Friedrich Ludwig ha[-] dede høvisk pomp og pragt[.] Han var gennem sin kosmopo[-] litiske, filantropiske holdning[ ] forud for sin tid. Han kaldt[e] mange berømte kunstnere o[g] forskere fra kredsen omkring Goethe til sit hof. Den dag [i] dag smykker Eutin sig derfo[r] med titlen „Nordens Weimar.[”]

PFL's søn storhertug Pau[l] Friedrich August (nr. I) fort[-] satte sin fars kulturelle tradi[-] tion og fastholdt et tæt sam[-] arbejde med Goethe-kredsen og hertughuset i Weimar, hvo[r] han ofte var på besøg. Hans[ ] kammertjener fortalte: "De[t] glædede ham (= storhertugen[)] meget, når han om foråret el[-] ler om efteråret tog en tur ti[l] Weimar, hvor han kunne hygge[ ] sig med de derværende høje[ ] herskaber".

Hertug Peter Friedrich Ludwig har personligt designet de såkaldte "Eutin-stole" med knækket i armlænet. Fra en Englandsrejse bragte hertugen de lyseblå **Wedgewood-vaser** med sig hjem. Hans stole, glasskabene og bordene under spejlene har overtaget denne farve.

Rokoko-lysekronen fra ca. 1750 er af bøhmisk krystal. Den har 48 stearinlys. Stearinlysene var meget dyre, fordi voksen overvejende skulle importeres fra Rusland.

Midt i rummet findes to nydesignede spejlborde, som er udformet efter det originale **spejlbord** i vinduesnichen. Her indbydes besøgende til selve at spille en runde "mølle", "dame" eller det nordtyske kortspil "poch".

Det originale spillebord i Gottorf-værelset

43

DEN HERTUGELIGE FAMILIE PAUL FRIEDRICH AUGUST

De to pendantmalerier af hertug Paul Friedrich August (nr. I) og hans første hustru Adelheid blev malet i 1817 af den berømte maler Tischbein. Adelheid af Anhalt-Bernburg-Schaumburg (nr. L) døde efter et kortvarigt ægteskab i en alder af kun tyve år. Derefter giftede hertugen sig med hendes søster, Ida af Anhalt-Bernburg-Schaumburg

(nr. M). I sommeren 1827 føde tronfølgeren Nikolaus Friedric Peter. Hans kammertjener be rettede: "Allerede i sensomme ren formørkedes lykkehimle da vores kronprinsesse Bea trice begyndte at hoste, og e terhånden fik en dårlig farv og ofte havde kulderystelse [...], og før det blev vinter vid ste alle, at den ærværdige goc kvinde havde tuberkulose

åledes mistede mistede her-
ugen også sin anden hustru, på
un 24 år. Mange år senere gif-
ede han sig for tredje gang for
t give sine tre børn en ny mor.
Men også prinsesse Cäcilie af
Verige (nr. N) døde som 37-
rig i forbindelse med sin tredje
ødsel Hofkronikøren rappor-
erede hendes død en smule di-
anceret: "Mælkeophobning i
jernen var dødsårsagen, her-
uginden havde sandsynligvis
evæget sig for lidt under gra-
iditeten, hun sad ned næsten
ele dagen, vi har slet ikke set
ende til fods i byen i de sene-
e år, fra ridning kom hun altid
urtigt hjem igen. Hun hengav
g til en inaktiv stillesidden,
et var unaturligt og kunne
ke føre noget godt med sig."

Denne opfattelse deltes
ormentlig af storhertugen,
er i et brev udtrykte sig som
åledes: "Dette er det eneste
mne, som vi aldrig kan enes
m. Det eneste punkt, der
jorde mig ganske vemodig,

fordi jeg havde på fornemmel-
sen, at det ikke ville bekomme
ham vel." Et par linjer længere
ned kalder han det "drivhus-
plantens ubevægelighed".

Heller ikke hertug Paul Frie-
drich August selv levede sær-
ligt sundt. Han led af overvægt
og gigt. Hans kammertjener
beklagede sig over, at „han i
sine sidste leveår helt havde
vænnet sig fra at gå. [...] Den
nådige herre ønsker jo slet ikke
at gå; [...] og mere fedtfattige
måltider nyder han ej heller
gerne. [...] Når man tænker på
[...] den megen sukker, som
hertugen nød, og [...] desuden
al den tid, han bare sad på sto-
lene, må man vel indrømme, at
den anførte livsstil ikke lige-
frem var den bedste. Hvor vel-
gørende f.eks. daglig legemlige
anstrengelser og mager kost er,
bemærker man bedst hos det
arbejdende folk, der aldrig får
hverken tykke kroppe og eller
podagra (= gigt)".

I tapetværelset samlede hoffet sig med sine gæster, inden
man med en foreskreven etikette trådte ind i spisestuen.
Den biedermeier-agtige blomsterdekoration på **tapetet** er
blevet "genbrugt": Alle blomster og vinstokke blev skåret
præcist ud af det oprindelige tapet. Derefter blev alt kli-
stret på det nye grønne tapet mellem de malede søjler.

ETIKETTE VED MIDDAGSSELSKABET

Også i Eutin blev der over-
holdt en streng hofetikette Et
eksempel herpå er „handske-
afleveringen": Et middagssel-
skab med gæster blev indtaget
i festtøj. Damerne tog såle-
des deres dertil hørende lange
handsker af, før de trådte ind i
spisestuen. Værtinden og afte-
nens højest rangerende dame
gav deres handsker til en kam-
merherre, der rakte dem vi-
dere til en guldtallerken, som
blev holdt af en hofjunker.
Først derefter trådte de ind i
spisestuen sammen med deres
bordherre. De mindre betyd-
ningsfulde kvindelige gæster
afleverede også deres handsker,
men „kun" til en kavaler, som
også rakte dem videre, men
kun til en sølvtallerken, som
kun blev holdt af en piccolo.
Bakkerne blev stillet på et bord
efter rangorden.

Siden 1850 er dette rum blevet brugt som spisestue. På de små **konsoller** på væggene stod de værdifulde stykker af en stor porcelænssamling. Bag ved **vægdørene** og i de små skabe under vinduerne findes der skjulte reoler. Hvis der skulle beværtes mange gæster, kunne bordpladen forstørres flere gange med halvrunde påsatsdele af træ, som blev skubbet ind mod bordpladen udefra. Døren til højre ved siden af indgangen fører ind til et lille anretterværelse

FRANSK BORDSKIK

Når man spiste ved et hoftaffel rettede man sig længe efter „fransk kutyme". Der fandtes ingen bestemt rækkefølge for de retter, tjenerne serverede. Alle de retter, der skulle spises i løbet af aftenen, blev stillet i skåle på bordet. Det var op til hver enkelt gæst, hvad han/hun ville spise og hvornår.

Som regel sendte man en tjener hen til den, foran hvem de ønskede stod. Og selv høje herskaber fyldte sin tallerken med det, der stod i skålen umiddelbart foran en. Enhver gæst syntes derfor altid at være ledsaget af en tjener. Og det afhang af tjenerens færdighed, om herskabet blev mæt.

Spisestuen med lysekrone, konsoller og vægskabe

21. Derfra kom man via en vindeltrappe direkte ind i det underliggende slotskøkken **22**.

Blomsterguirlanden, som smykker bordet, blev udviklet som en festlig borddekoration, som zarina Katarina den Store benyttede på sine slotte. På midten af en overdådigt dækket spisebord strålede en flerdelt bordopsats af porcelæn eller sølv, som var udsmykket med friske blomster og skulpturer, og på hvilken der var stillet skåle til krydderier og konfekt, de dyreste ingredienser i et herskabsmåltid.

Riddersalen **㉓**

Det største rum på slottet er riddersalen. Det blev brugt til festlige arrangementer som baller, gallamiddage, teateropførelser og koncerter. For at kunne ophænge store malerier blev der trukket en væg ind bag vinduerne til atriumgården. Udadtil blev de bevaret som blindvinduer, så der ikke fandtes en tilmuret væg uden vinduer i hoffacaden. På denne væg hang der op til 86 delvist store portrætter. Det gamle postkort fra begyndelsen af det 20. århundrede formidler et indtryk derfra.

Riddersalen

På en smal side hænger det i 1646 udarbejdede **stamtræ for Christian I.**, den første konge over Danmark, Norge og Sverige, hertugen af Slesvig og greven af Holsten fra huset Oldenburg. Her vises stamlinjen for det danske kongehus og hertugerne af Slesvig-Holsten-Gottorf samt bilinjer. Denne fremstilling er bemærkelsesværdig, fordi også de pågældende våbenskjolde er medtaget. Dette muliggør på trods af de ofte identiske navne en præcis identificering af personerne.

Gammelt postkort fra riddersalen

ARVEN EFTER BISKOP HANS

Mellem vinduerne i riddersalen hænger portrættet af den tykke fyrstebiskop Johann af Slesvig-Holsten-Gottorf. Pga. hans sociale engagement blev han respekteret og derfor kærligt af folket kaldet **„Biskop Hans"**.

Biskop Hans led af gigt og betydelig overvægt samt af et dårligt helet armbrud. I perioder kunne kan ikke bevæge arme og ben. Heller ikke hans ægteskab var lykkeligt. Han giftede sig med den tretten år yngre prinsesse Julia Felicitas af Württemberg-Teck. Umiddelbart efter brylluppet viste de første symptome sig på en psykisk sygdom ho hende. Hertuginden skal have været „overdrevent arrogant utroligt ondskabsfuld og utak nemmelig". Hun havde ofte anfald. Derefter raserede hun sit værelse ved at kaste sengetøj, spejle, ure og bøger ud ad vinduet og ned i voldgraven Om natten sneg hun sig flere gange hen til sin ægtemands seng og forsøgte at stikke ham med et sværd. Kun takket være indgreb fra piccoloen blev her tugens liv reddet. Ægteskabet blev opløst i 1653 efter fem år med retlige stridigheder.

Gæsteværelserne **24** til **29**

Hvert besøg betød en velkommen afveksling ved hoffet. Især i forbindelse med jagterne om efteråret boede der talrige gæster på slottet. Som født prinsesse af Oldenburg var også dronning Amalie af Grækenland ofte gæst hos far og bror. Da hun fik plantet palmer i Eutin slotshave, gik hun ind i familiehistorien som **"palmedronningen"**.

Det venstre dobbeltportræt i det første gæsteværelse **24** viser i højre side den senere dronning af Grækenland, prinsesse Amalie, og hendes søster Friederike. På portrættet af

Et kig ind i bieder-meier-værelset med dobbeltportrættet af de to prinsesser

Den gule salon

Biedermeier-Stuhl

hertug Peter Friedrich Ludwigs to søn-
ner bærer den yngste en vid, lille kjole
uden undertøj. De intarsia-udsmyk-
kede møbler fra ca. 1820 "Hamburger
Biedermeier"-stil har givet rummet sit
navn "Biedermeier-værelset".

I det næste gæsteværelse **25** er der
bl.a. et **aldersportræt** af zarina Katha-
rina den Store i officiel robe og med
den russiske Andreas-orden (se fig. på
det bageste omslag.). Da Katharina

Gobelin-værelset med Tischbein-ovn

havde giftet sig til Rusland, besøgte hun dog aldrig Eutin igen. Hun har kun boet i gæsteværelserne som ung pige sammen med sin mor.

Den gule salon **26** benyttede alle gæster som opholds-stue. **Gardinerne** af gul silke blev rekonstrueret efter de gamle afbildninger. De er farvemæssigt afstemt med den oprindelige polstring af siddemøblerne. Det massive **barok-skab** af egetræ stammer fra det 18. århundrede.

De prægtige **franske gobeliner** i det tilstødende gæste-værelse **27** blev formentligt fremstillet i det 17. århund-rede på et værksted i Versailles. I ovn-nichen står en af de

Paradesengen

Toiletskabet

berømte **Tischbein-ovn**. Mange af slottets værelser er udstyret med disse klassiske ovne. Hofmaler Johann Heinrich Wilhelm Tischbein leverede udkastene til de dekorative kakler samt skålene og vaserne. Ovnene var kendt for deres fremragende varmeeffekt. De sørgede desuden for et godt indeklima, da duftpotpourris i vaserne eller skålene sørgede for behagelige dufte i værelserne.

I det næste gæsteværelse **28** står der en **paradeseng** fra 1760 af malet og forgyldt eg, med en høj himmelseng af rødgylden Lyon-silke. Ifølge overleveringen blev den lavet med henblik på et planlagt besøg af kong Friedrichs II. af Prøjsen, et besøg som dog aldrig blev til noget.

I et hjørne af det næste gæsteværelse **29** findes der et "moderne" badeværelse – et **toiletskab**. Det blev indbygget, fordi natpotter blev umoderne. Inde i skabet stod der en toiletstol, indtil der på et senere tidspunkt sågar blev indbygget et vandskyl. For at skjule dette "funktionelle element" stod der i det modsatte hjørne af værelset et ikke længere eksisterende pendant-skab med samme udseende, men med rigtige skuffer.

Skibsmodellerne

De tre **skibsmodeller** stammer formodentligt fra det tidlige 18. århundrede og er formentligt kommet til Eutin Slot som arvestykker. De svarer ned til mindste detalje til de originale skibe. Den største model var flagskibet i den russiske Østersøflåde. Disse skibsmodeller var ikke tænkt som legetøj, men derimod som konstruktionsplaner for skibsbyggeri. Således foranledigede zar Peter den Store efter grundlæggelse af St. Petersborg etableringen af et skibsværft. Dér fik han bygget mange handels- og krigsskibe.

Slots- og køkkenhaven

Slottet ligger direkte ved Eutin Sø i midten af et enestående parkanlæg. Den eneste direkte adgang fra slottet til haven er fra det såkaldte terrasseværelse **32**. Man træder først ind på den rummelige **sydterrasse**, hvorfra broen, der er udsmykket med vaser, fører ind i slotshaven.

På bestilling af fyrstebiskop Christian August designede fra 1716 overlandbrugsdirektør Johann Christian Lewon en **fransk have**. Langs et vandløb skabtes en geometrisk terrassehave med hækteater, havepavilloner og vandanlæg.

Kobberstik af Christian Lewon fra 1743

Dette kan ses på en **kobberstikserie** af Lewon. Også de slotsbygninger, der eksisterede dengang, nogle gader i den lille by og markedet med det gamle rådhus midt på pladsen blev fremstillet virkelighedstro. Men dertil kom nogle urealistiske tilføjelser som de alt for store bygningsværker på den lille Fasanø og det store sejlskib på den Store Eutin Sø.

Hertug Peter Friedrich Ludwig lod fra 1787 til 1803 haveområderne ændre markant og forvandlede dem til de **engelske landskabshaver**, som stadig findes i dag. Broer, tempel, en eremitage i form af en grotte, en **Lindenallé** og

Den franske terrassehave

Tufstenshus

et monopteros samt en eksakt beregnet ruteguide symbo-
liserer dags- og årstiderne samt visdom, styrke og skønhed.
Samlet set ligger der et sofistikeret, filosofisk koncept til
grund for anlægget, som ikke bemærkes ved første øjekast.
Det indeholder også aspekter af frimurtankegods. Med
dette havekunstværk fik oplysningstanken det vigtigste
monument i Slesvig-Holsten. Den oplyste hertug gjorde
også dele af haven tilgængelig for offentligheden for første
gang for at give sine undersåtter kulturel dannelse.

Bag den herskabelige havedel begynder køkkenhaven
33, som forsynede slotskøkkenet med frugt og grøntsager.
Den er adskilt fra slotshaven af en mur, der tilvejebringer et
mildere klima og dermed bedre betingelser for afgrøder. I

Lindenallé

Kig fra porttårnet over den buede tårnhjelm
(= den løgformede kuppel) på det runde tårn og ind i parken

køkkenhaven findes det såkaldte Neuholländerhaus **34** og orangeriet **35**. Her overvintrede de følsomme potteplanter. Der var også ananashuse og et særligt vinhus til avl af druer til borddekoration.Om sommeren blev orangeriet også benyttet som teater Indtil 2015 gennemgik slots- og køkkenhaven atter en omfattende renovering og blev gjort tilgængelig for offentligheden som et rekreativt og læringscenter.

Billedhenvisninger

Landesamt für Denkmalpflege Schleswig-Holstein:	Side 7
Thorsten Mischke, Kiel og Svenja Schwardt, Hamburg:	Side 14/15, 16, 22, 23, 24, 25, 26, 28 (o.), 31, 34/35, 38/39, 40/41, 43, 50, 54
Wolfdieter Schiecke, Eutin:	Side 27
Stiftung Schloss Eutin:	Side 4, 8, 36 (o.), 46, 51, 53, 54 (vignetter), 55, 56, 58, 59 (l.)
SylentPress:	Omslagets forside
Ina Steinhusen Glücksburg:	Forreste omslagsklap, side 5, 11, 13 (o.), 13 (vignetter), 19, 21, 28 (vignetter), 29 alle, 32, 33, 36 (vignetter), 49, 52, 56 højre, omslagsbagside
Ulrike Unger, Schloss Eutin:	Side 1, 3, 60, 61, 62

Kolofon

Texster: Tomke Stiasny
Redaktionen: Tomke Stiasny, Friederike von Cossel
Konsulent, tilrettelæggelse, sats: Rüdiger Kern
Tryk og indbinding: Lanarepro, Lana (Sydtyrol)

Bibliografiske oplysninger fra Deutsche Nationalbibliothek:
Deutsche Nationalbibliothek registrerer denne publikation i
den tyske nationalbibliografi. Se information på
http://dnb.de hentes.

© 2016 Deutscher Kunstverlag GmbH Berlin München
Paul-Lincke-Ufer 34
D-10999 Berlin

www.deutscherkunstverlag.de
ISBN 978-3-422-02433-5